Notice
sur
LES CINQ ÉTATS
du
CENTRE-AMÉRIQUE,
Avec une Carte.

PAR V.^R HERRAN,

Chargé d'Affaires de la République de Costa-Rica, auprès
du Gouvernement Français.

BORDEAUX.
IMPRIMERIE DE A. PECHADE,
12, rue du Parlement Saint-Pierre.

1853.

NOTICE
SUR

DU
CENTRE-AMÉRIQUE.

La Péninsule méridionale du Nouveau-Monde est un vaste continent dont la grandeur surpasse celle de notre Europe. Dans l'Empire Brésilien, par exemple, il y a des provinces, entre autres, celle du Para, dont la superficie est égale à plusieurs fois celle de la France.

Le sol de l'Amérique du Sud est d'une prodigieuse fécondité; les produits en sont remarquables, tant par leur qualité exquise que par leur étonnante variété, et le climat, malgré la proximité de la ligne équatoriale, y est parfaitement sain et suffisamment tempéré. Sous ce ciel privilégié, auquel la nature a départi toutes ses faveurs, des villes florissantes se sont élevées et se développent avec une prodigieuse rapidité. De tous les pays du vieux monde, des milliers d'émigrants viennent s'y établir chaque année, apportant aux régions vierges découvertes par le génie du grand Colomb la civilisation, les arts, les lumières et l'agriculture de l'ancien continent. Sur les plages fertiles de l'Amérique du Sud ; sur les rives de ces grands fleuves, véritables mers intérieures, aussi utiles par leur longueur que par la profondeur et la largeur de leur lit; au sein de cités opulentes, l'industrie, cette autre mine du bien être et de la richesse, s'est implantée avec succès, et la fumée du fourneau producteur s'élève en noires colonnes sur ces champs que couvraient naguère des forêts incultes.

Cependant, malgré ses progrès, l'industrie des Républiques hispano-américaines est loin de pouvoir suffire à la consommation intérieure. Hors d'état de satisfaire à tous les besoins de sa population toujours croissante, elle est obligée d'invoquer les secours de sa sœur, l'industrie européenne, dont elle achète les produits en immense quantité. La presqu'île du Sud est, pour les produits de nos manufactures, un débouché de la plus haute importance, et ce débouché tend, par suite du développement de l'immigration, à prendre chaque jour des proportions plus grandes encore.

Toutes les puissances européennes l'ont parfaitement senti ; aussi, le commerce avec ces riches contrées est-il fait avec la plus grande activité chez tous les peuples; on pourrait dire que toutes les puissances industrielles et maritimes convoitent et font des efforts pour s'approprier le monopole lucratif des relations du vieux monde et de ce beau pays, à peu près encore inexploré.

L'Angleterre, les Etats-Unis, l'Espagne et même l'Allemagne rivalisent de soins et d'attentions bienveillantes auprès des divers gouvernements de ce vaste territoire, qui, du cap Horn jusqu'à la Californie, ne contient pas moins de 14 milions d'habitants.

Nous avons longtemps habité ces contrées ; croyant donc qu'il est du devoir de tout Français, désireux de la prospérité de son pays, de donner de la publicité aux connaissances plus ou moins étendues qu'il peut avoir acquises dans les contrées qu'il a visitées ou étudiées, nous allons offrir à nos lecteurs un tableau succint de l'état actuel des Républiques composant autrefois la Confédération du Centre-Amérique, aujourd'hui scindée en cinq gouvernements indépendants.

Si nous nous occupons de préférence de l'Amérique du Centre, c'est que de toutes les régions du Nouveau-Monde, c'est celle qui est la moins connue ; celle qui promet le plus d'avenir par sa position géographique et la richesse de ses productions; celle enfin avec laquelle la France a directement le moins de relations commerciales.

Nous procéderons donc par États, faisant connaître avec le plus d'exactitude possible leurs institutions politiques, leurs populations, leurs dettes extérieures et intérieures, leurs revenus, leurs exportations et importations et leurs produits.

RÉPUBLIQUE DE COSTA-RICA.

Cette République naissante jouit de la paix la plus parfaite, et d'une prospérité dont on voit peu d'exemples dans les Républiques hispano américaines, eu égard à sa faible population, qui n'est que de 215,000 ames.

Sa grande prospérité est due à sa politique conciliatrice et prudente, ainsi qu'à la nature pacifique de ses habitants, qui sont généralement des travailleurs économes, de mœurs simples et douces.

Cet État est, sans contredit, le plus petit et le moins peuplé du Centre-Amérique; mais il doit être considéré comme étant comparativement le plus riche.

La superficie de son territoire est de 3,000 lieues carrées, ses revenus étaient de 300,000 piastres en 1851, et, d'après le dernier M moire du ministre des finances, elles atteindront le chiffre de 450,000 piastres en 1852.

Dettes étrangères ou intérieures. — Aucune, excepté peut-être quelques réclamations correspondant à l'époque de la Confédération, qui peuvent ne pas être encore liquidées, et qui devront être réparties entre les cinq États.

Exportation. — Ses produits sont ainsi classés : Mines d'or, d'argent, de cuivre, de plomb et de charbon de terre; elles sont peu exploitées, les bras suffisant à peine pour les travaux agricoles; aussi l'exportation des métaux est, pour ainsi dire, insignifiante.

Café supérieur : 150,000 quintaux, valeur. . . . . . . P.   1,200,000

Cuirs, coquilles de nacre, bois de Brésil, salsepareille, perles fines, sucre brut, écaille de tortue, tabac, or et argent en barres. . . . . P.   150,000

Importation. — Marchandises étrangères, dont la majeure partie anglaises et américaines. P.   1,250,000

Les produits français figurent dans ce chiffre pour 163,000 piastres; la majeure partie de nos importations se fait par les entrepôts du Sud et par navires étrangers

Ports. — Punta-Arena, sur le Pacifique, entièrement franc de droits, est le seul port fréquenté par les navires; Golfo-Dulce, est aussi ouvert au commerce, et celui des Salines doit être aussi livré sous peu.

Sur l'Atlantique, il y a encore trois ports, appelés Matinas, Saint-Jean et Boca del Toro; les deux derniers sont très-beaux; quant au premier, c'est une rade encore peu fréquentée.

Force armée. — Troupe de ligne. 200 h.
Garde nationale. 5,000 h.
Cette dernière est parfaitment disciplinée et bien armée.

Institution du gouvernement. — République avec un Président élu par le peuple pour six ans; il est chef du pouvoir exécutif; la législature se compose d'une seule Chambre, composée de douze représentants, nommés également par le vote universel et pour six ans.

Pouvoir judiciaire. — Il est exercé par une cour de six magistrats nommés par le congrès; sa durée est aussi de six ans.

Naturalisation. — La constitution permet la naturalisation sans limiter un temps de résidence; il y a liberté des cultes; tout étranger qui s'établit dans le pays peut obtenir du gouvernement une concession gratuite de terrain.

Administration. — Président, D. Juan-Rafael Mora, négociant très-honorable et d'une haute capacité. Il est secondé par d'excellents ministres qui, comme lui, et en général tous les hommes publics, à Costa-Rica, sont agriculteurs et négociants.

Vice-Président, D. Francisco-Mario Oreamouo; ministres des affaires étrangères, D. Juaquin-Bernardo, Calvo; ministre de l'intérieur, finances, guerre et marine, D. Manuel-Jose Carazo; évêque, D. Anselmo Llorente; administrateur général des postes, D. Francisco-de-Paulo Guttierre; colonel, D. Jose-Juaquin Mora, frère du président; président de la cour, D. Juan Mora.

La République de Costa-Rica s'est liée par des traités d'amitié, de commerce et de navigation avec la France, l'Angleterre, les États-Unis, l'Espagne, les villes anséatiques, et Guatemala.

Le gouvernement est à la veille de régler une question de limites qui existe avec Nicaragua et la Nouvelle-Grenade; l'Angleterre et les Etats-Unis ont offert leur intervention pour la vider à l'amiable; d'ailleurs, Costa-Rica ne réclame que l'*utiposséditis* adopté par l'Espagne avant l'indépendance; il est donc à peu près certain que la question sera vidée sans altérer, en quoi que ce soit, la bonne intelligence qui existe entre ces Etats.

Le territoire de Costa-Rica est montagneux, avec des plaines immenses sur les contre-forts de la Cordilière; la capitale de la République se trouve à environ 4,500 pieds d'élévation au-dessus du niveau de la mer, entourée de cinq volcans de dix à douze milles pieds de hauteur.

San-Jose, capitale de l'Etat est une ville de 30,000 âmes environ; elle est très-propre et les rues sont tirées au cordeau ; la majeure partie des maisons n'ont qu'un rez-de-chaussée, avec des appartements très-vastes et très commodes; il y a une grande cour intérieure, entourée de hangars qui servent de magasins.

San-Jose possède un hôtel des Monnaies bien organisé, une Université et un théâtre. Les naturels du pays sont presque tous blancs; ils sont très-sobres et généralement honnêtes ; les terres sont grasses et d'une fertilité remarquable ; la majeure partie de la population se trouve agglomérée entre les deux océans, à 25 lieues de la mer Pacifique, et à 25 lieues de la mer Atlantique ; la température est, à peu de chose près, constamment la même; le thermomètre de Réaumur marque toujours de 15 à 18 degrés.

Le gouvernement se préoccupe beaucoup de tout ce qui peut contribuer à faire prospérer le pays, de rendre les voies de communication faciles et économiques; aussi nous devons dire, à sa louange, qu'il existe déjà une magnifique route de Puenta-Arena à la capitale, et qu'une autre semblable se fait de la capitale à Saint-Jean, sur l'Atlantique ; des ponts en pierre sont construits sur toutes les rivières ; de manière que, sous peu, on verra les voitures aller d'un rivage à l'autre, sans avoir besoin de rompre charge, ce qui donnera beaucoup d'importance au pays.

La facilité du transport des denrées et des voyageurs fera que beaucoup de familles iront s'établir à Costa-Rica, surtout lorsqu'on saura que le gouvernement leur offre des terres gratis, ainsi que son appui tout paternel.

Notre but est donc, en faisant ce résumé, d'éclairer les personnes qui voudraient s'expatrier, et de leur donner une idée d'un pays appelé à devenir très-important par les ressources qu'il offre, tant agricoles que commerciales.

ÉTAT DE NICARAGUA.

L'Etat de Nicaragua se trouve situé entre le golfe de Fonseca ou Conchagua à l'ouest ; l'Etat de Honduras en est limitrophe au nord-ouest. Une partie du territoire réclamé par les Indiens Mousquitos se trouve sur l'Atlantique au nord-nord-est, et Costa-Rica au sud-est. Son étendue est d'environ 3,200 lieues carrées de surface. La partie réclamée par les Mousquitos est celle qui se trouve entre le port de Saint-Jean-de-Nicaragua, et Machuca, la rivière Waux et la mer Caribe, au nord.

La capitale de l'Etat est Léon, grande et ancienne ville; elle a beaucoup souffert des révolutions successives, qui ont eu lieu depuis l'indépendance, et dont elle a été constamment le théâtre.

Le gouvernement, quoique sa résidence officielle soit à Léon, se transporte souvent, tantôt à Grenade, jolie petite ville située sur le bord du lac de Nicaragua, et tantôt à Managua, autre ville située près le lac du même nom.

La population de l'Etat est de 250,000 âmes, dont la majeure partie est de couleur ; les rentes de l'Etat, en 1851, étaient de P. 105,000 ; mais elles pourraient atteindre le chiffre de P. 200,000, en 1852, si elles étaient soigneusement administrées, sans compter les bénéfices de la compagnie du transit, qui sont, jusqu'à présent, de P. 100,000 environ.

Ainsi, Nicaragua pourrait se faire facilement P. 300,000 de rente annuellement sous une administration économe ; avec la perspective de dépasser ce chiffre par le développement considérable que prennent les affaires par suite de la communication inter océanique qui devient chaque jour plus importante.

La dette de l'Etat est de P. 800,000, suivant le Mémoire présenté par le ministre des finances.

Les produits du pays consistent en bois de teinture en grande quantité, sucre brut (appelé chancaca), coton, indigo, bois d'acajou, de cèdre, bétail, tabac, cacao, cuirs, mines d'or, d'argent et de cuivre.

Exportation. — 20,000 balles coton de
150 kil. chacune, qu'on estime. P.	350,000
2,500 quintaux sucre brut. . . .	3,500
1,200 surons indigo supérieur. .	175,000
Bois de Brésil.	150,000
Acajou et cèdre.	150,000
Bétail.	50,000
Cuirs, tabac et cacao, environ. .	30,000
Or, argent et cuivre en barres .	50,000
P.	958,500

Importation. — L'importation des produits fabriqués et agricoles étrangers est de P. 1,000,000, dont la majeure partie anglais et nord-américains ; les relations commerciales de la France avec cet Etat sont, pour ainsi dire, nulles ; l'introduction des produits français est d'environ 200,000 fr. par an ; elle se fait par suite d'entrepôts et par navires étrangers.

Ports. — Les ports de l'Etat ouverts au commerce sur le Pacifique sont Realejo et Saint-Jean-du-Sud, qui se trouve dans le golfe de Papagayo ; ce port est difficile à aborder pendant six mois de l'année, par suite des vents du nord-est qui soufflent avec une grande force, à partir du 15 novembre jusqu'au 15 mai.

Quant à celui de Realejo, il est excellent ; il n'y a que l'entrée qui est un peu difficile par son exiguité ; mais, une fois dedans, les navires sont à l'abri de toutes les tempêtes.

Sur la mer Atlantique, il n'y a que celui de Saint-Jean-de-Nicaragua, appelé maintenant Grey-Town, dont l'Angleterre s'est emparée au nom du roi des Mousquitos ; c'est dans ce port que débouche la superbe rivière de Saint-Jean, navigable jusqu'au fameux lac de Nicaragua par des bateaux à vapeur d'un faible tirant d'eau, excepté un détroit appelé le Salto ; deux services de bateaux à vapeur ont été installés par les Américains, pour desservir cette rivière : l'un transporte depuis le port jusqu'au Salto les passagers et les marchandises ; l'autre les reprend au-dessus de ce passage et les transporte à Grenade, en traversant le lac ; de là, on se dirige par terre, soit sur le port de Saint-Jean-du-Sud, soit sur celui de Realejo, où l'on s'embarque pour la Californie sur des bateaux à vapeur qui font exclusivement cette navigation.

La force armée permanente est de 500 soldats, et la garde nationale se compose de 4,000 hommes.

Le chef de l'État a le titre de directeur suprême ; il est élu pour deux ans par le suffrage universel à deux degrés ; le pouvoir législatif se compose de deux Chambres, dont les membres sont élus de la même manière et pour la même période de temps. Le pouvoir judiciaire est également confié à deux Chambres qui exercent indistinctement les fonctions de cour d'appel.

Administration. — Le directeur suprême, D. Jose-Laureano Pineda, est un avocat distingué, très-respectable et très-patriote ; il a choisi ses ministres parmi les hommes les plus capables du pays : le ministre des affaires étrangères est M. Pierre Zéledon; celui de la guerre, le général Chamorro; évêque, George Viteri.

Nicaragua a fait des traités d'amitié, de navigation et de commerce avec plusieurs nations étrangères; mais aucun d'eux n'a été ratifié ni échangé, excepté celui conclu avec l'Espagne; si la conclusion des autres a été suspendue, c'est parce que le pays a toujours eu en vue l'union des trois Etats limitrophes, afin de former une Confédération ; ses efforts ayant échoué, il s'est déclaré souverain et indépendant au mois de février de l'année courante.

La voie de transit d'un océan à l'autre, appelée la voie directe de Nicaragua, passe entre le territoire de l'Etat et celui de Costa-Rica; la rivière de Saint-Jean et le lac sont les limites des deux Etats ; nonobstant cela, c'est Nicaragua seul qui a concédé le privilége exclusif aux compagnies du canal et de transit dont la direction générale est à New-York.

Costa-Rica a proposé d'abandonner généreusement ses droits, pour tout ce qui serait nécessaire à l'établissement du canal, avec la réserve, toutefois, que si sa proposition n'était pas acceptée avec ses conditions, il aurait le droit de donner un privilége à d'autres compagnies pour son propre compte ; en vertu de quoi, il a donné plein pouvoir à son représentant à Washington, l'autorisant à traiter pour cet objet, ainsi que pour l'établissement de colonies et de navigation à vapeur sur toute autre rivière appartenant à cette République.

L'aspect du pays est plat ; la Cordilière est tellement basse sur ce point, qu'on n'aperçoit que des monticules ça et là, avec quelques volcans plus ou moins hauts.

Les plaines énormes, et la majeure partie inculte, qui se trouvent à l'entour des lacs de Nicaragua et Managua sont couvertes de pâturages et de bétail ; la température y est fort élevée ; le baromètre de Réaumur est toujours de 22 à 25 degrés, les habitants sont généralement mous et paresseux.

L'ensemble du territoire de l'Etat de Nicaragua est extrêmement beau, très-fertile ; le climat est sain et généralement sec ; tous les produits des tropiques peuvent y être cultivés avec grand avantage par la facilité du transport; car, quoiqu'il n'existe pas des routes, proprement parlant, les charrettes peuvent circuler dans tous l'Etat, excepté du côté de Segovia et de Chantales, qui sont montagneux.

Le mouvement des affaires de cet Etat comporte environ 40,000 tonneaux d'encombrement, par suite du grand nombre d'articles de peu de valeur qui sont l'aliment du commerce d'exportation.

Le mouvement des affaires avec la République de Costa-Rica doit être évalué à 20,000 tonneaux annuellement; ayant oublié de mentionner cet objet dans notre précédent article, qui traite exclusivement de cette République, et, croyant qu'il est important de le faire connaître; nous nous empressons de réparer ici cet oubli.

ÉTAT DE HONDURAS.

Cet Etat est, sans contredit, le moins connu de tous ceux qui composaient la Confédération du Centre-Amérique, non qu'il n'offre pas un intérêt réel à être visité et étudié, mais bien parce qu'il n'a pas d'issue sur la mer Pacifique, et que les ports qu'il possède sur l'Atlantique sont peu fréquentés, et les routes, pour pénétrer dans l'intérieur, impraticables.

La position topographique de cet État est admirablement belle ; son étendue est de 3,600 lieues carrées de superficie ; son climat très-varié, sain, tempéré et froid dans l'intérieur ; très-chaud, malsain et humide sur les côtes qui bordent la mer Atlantique ; aussi ces côtes ne sont guère habitées que par des peuplades de nègres appelés Caribes, qui s'occupent presque exclusivement de l'exploitation du bois d'acajou, de la salsepareille, de l'huile de coco, etc., pour compte des compagnies anglaises, dont les établissements se trouvent sur une pointe de terre appelée Bélis, et où les Anglais font des affaires considérables d'importations et d'exportations, qu'on peut évaluer au chiffre de trente millions de francs par an.

Les naturels de l'État de Honduras ne s'occupent que de l'exploitation des mines d'or et d'argent, qui sont très-nombreuses et très-riches ; ils s'adonnent aussi beaucoup à élever des bestiaux : c'est une des industries les plus considérables du pays ; les terres sont très-fertiles mais tout à fait incultes, car l'agriculture y est pour ainsi dire inconnue.

Leurs relations commerciales avec les nations européennes, autres que l'Angleterre, sont nulles ; tout le commerce se fait avec Bélis et avec l'État de San-Salvador, qui se trouve au sud-ouest, Guatemala à l'ouest, Nicaragua au sud, et le territoire en litige avec les Mousquitos à l'est-nord-est.

Tout le territoire compris entre les rivières Guyamel et Saint-Roman, sur l'Atlantique, appartient à l'Etat; il s'étend jusqu'au golfe de Fonseque, sur le Pacifique, où ses limites sont un groupe d'îles, situées dans ce golfe; là se trouvent deux ports, l'un à l'île du Tigre, appelé Amupala, qui est franc, et l'autre, Saint-Laurent, sur le continent.

Gouvernement. — Il est républicain; la population est de 300,000 âmes; les rentes annuelles, de P. 160,000; la dette étrangère, de P. 350,000. L'intérieure n'est pas exactement connue; l'armée permanente est de 500 hommes, et la garde nationale de 4,000.

Pouvoir exécutif. — Un président nommé par le suffrage universel direct pour quatre ans; il n'y a pas de vice-président; dans le cas de mort ou d'absence du président, un des membres du Sénat occupe le fauteuil du chef de l'Etat, en attendant qu'un autre soit nommé, s'il est mort, ou qu'il soit de retour, s'il était absent.

Pouvoir Législatif. — Ce pouvoir se compose d'un Sénat de sept membres, et d'une Chambre de représentants de onze membres, nommés également par le peuple pour quatre ans.

Pouvoir Judiciaire. — Ce pouvoir est confié à deux cours, composées de trois magistrats chacune, nommés par le Sénat et la Chambre des représentants en congrès; chaque cour de justice peut s'instituer indistinctement en cour d'appel.

Administration. — Président, le général Cabanas, militaire plein de bravoure, très-modeste et de mœurs très-simples; il est généralement très-aimé de ses compatriotes; il est peut-être un peu faible en politique, mais ses intentions sont loyales et patriotiques; son caractère franc et sa longue expérience assurent au pays un avenir prospère, car la paix du Centre-Amérique dépend, pour ainsi dire, du général Cabanas; il faut pour cela qu'il consente à oublier tous les passe-droits qu'il a soufferts pendant sa longue et laborieuse carrière.

Ses ministres sont MM. Juaquin Velasquez, pour les affaires étrangères, et François Alvarado, pour les finances, hommes fort capables et d'une honorabilité et d'un patriotisme à toute épreuve. L'évêché est vacant.

Aspect du pays. — La partie de l'intérieur de l'Etat est formée de plaines magnifiques, couvertes de pâturages et de bestiaux; sur les montagnes de cinq à six mille pieds de hauteur, on y trouve l'arbre appelé pispin, qui sert à la mâture des navires. La résidence du gouvernement est à Conmayagua, ville remarquable par son climat qui est très-sain et tempéré.

Honduras réclame la portion de la côte des Mousquitos qui se trouve entre les rivières Waux et le San-Nornan, ainsi que ce qu'on appelle les îles Bay, telles que Roatan, Guanaja, Utila, y Bonaco, dont les Anglais se sont emparés, et se trouvent peuplées par des nationnaux britanniques. L'Etat se trouve aussi en discussion de limites avec Guatemala ; mais cette question sera plus facile à vider que celle avec l'Angleterre.

Exportation. — Or, argent, cui-
cuivre et opale. . . . . P. 500,000
Bois d'Acajou, cèdre et Brésil. 125,000
Salsepareille et écaille de tortue 20,000
Bétail. 50,000
Tabac. 50,000

P. 745,000

Importation. — L'importation des marchandises étrangères, presque toutes de fabrique anglaise, s'élève à P. 1,000,000; elles sont introduites en grande partie par les ports de Omoa et de Truxillo, qui se trouvent sur l'Atlantique et qui appartiennent à l'Etat.

Honduras n'a point fait de traité d'amitié, de commerce et de navigation avec les nations européennes, attendant comme Nicaragua et

San-Salvador, pour le faire, qu'une confédération se formât entre eux ; mais aujourd'hui que toutes les combinaisons ont échoué, il est fort probable qu'il cherchera à faire ce qu'ont fait Guatemala et Costa-Rica. Nous formons donc des vœux pour que le gouvernement français ne reste pas en arrière, le cas échéant, car un grand avenir est réservé au Centre-Amérique. Il est donc du plus haut intérêt pour les nations maritimes et industrielles de seconder dans leur développement ces pays naissants, afin de s'assurer un débouché considérable pour leurs produits, ainsi qu'un aliment pour leur marine marchande. Le commerce de Honduras, tant à l'importation qu'à l'exportation, doit fournir un aliment d'environ 30,000 tonneaux à la marine marchande.

ÉTAT DE SAN-SALVADOR.

Cet État est le plus peuplé du Centre-Amérique, eu égard à son extension territoriale, qui comporte tout au plus 1,000 lieues carrées espagnoles. Nous ferons observer que les lieues espagnoles sont de 6,666 varas et 66 centièmes de vara, ce qui correspond à 6 kilomètres français environ. Sa population est de 400,000 âmes, dont la majeure partie est de race indienne, croisée avec le sambo et le mulâtre.

Cet Etat n'a pas d'issue sur la mer Atlantique, car il se trouve enclavé par la République de Guatemala, qui est à l'ouest, par l'Etat de Honduras au nord, et par le golfe de Fonseque à l'est

La capitale de l'Etat est San-Salvador, jolie ville de 30,000 âmes environ, qui se trouve placée au centre d'une superbe plaine et à 12 lieues d'un port sur la mer Pacifique, appelé la Libertad; ce port est tellement mauvais qu'on ne peut l'aborder que rarement; aussi, la majeure partie des introductions des marchandises et l'exportation des produits du pays se font par Conchagua, qui est un des plus beaux ports des mers du Sud; mais, malheureusement pour le pays, il se trouve à l'extrêmité est de l'Etat, et à 50 lieues de San-Salvador, tandis que celui de la Libertad est placé au centre. L'Etat possède deux autres ports : Sansonate ou Acajutla, qui se trouve à l'extrêmité ouest de l'Etat, et, pour ainsi dire, sur les limites du territoire de Guatemala; ce port, sans être très-bon, est cependant beaucoup moins mauvais que la Libertad, l'autre s'appelle Concorde; il est pour ainsi dire abandonné.

Le gouvernement est démocratique, avec le suffrage universel à deux degrés; le peuple nomme les électeurs, et ceux-ci nomment les autorités, telles que le chef de l'Etat pour une période de deux ans; les juges de la cour de justice, les maires, les juges de paix, etc., sont élus par le vote universel direct.

François Dueñas, avocat distingué du pays, est le président pour la période de 1852 et 1853; c'est un homme populaire et fort aimé de ses concitoyens; le vice-président est D. Thomas Medina; ministre des affaires étrangères, D. Henry Hoyos; ministre des finances, François Montalvo; évêque, D. Thomas Saldana.

Les rentes annuelles de l'Etat sont de P. 300,000; la dette étrangère est de P. 500,000; l'intérieure n'est pas liquidée; force armée, 700 hommes de troupes de ligne, 6,000 hommes de garde nationale. La troupe est généralement mal payée, mal habillée et mal nourrie; aussi les désertions sont fréquentes, quoique les lois du pays soient d'une rigueur sans exemple pour les déserteurs, car ils s'ont condamnés à la peine de mort s'ils sont pris. Il résulte de cette rigueur excessive que ces malheureux sont obligés de se cacher dans les forêts, de voler les voyageurs pour vivre, et le plus souvent ils ont recours à l'assassinat; aussi, chaque individu en voyage est armé jusqu'aux dents. Ne serait-ce que par mesure de précaution, il faut toujours être muni d'une carabine et d'une paire de pistolets; alors, on est sûr de ne pas être attaqué, les déserteurs ayant une peur atroce des armes à feu.

La principale branche d'industrie du Salvador est la culture de l'indigo, qui, du reste, est très-apprécié comme qualité; on y cultive aussi du tabac qui est fort bon, qu'on appelle Istepeque et de Los-Llanos, le sucre brut en abondance, le poivre d'odeur appelé poivre de la Jamaïque; c'est de cet Etat aussi qu'on retire exclusivement le baume appelé à tort baume du Pérou. Il existe aussi une industrie dans le pays : c'est la fabrication des *rebosas*, espèce d'écharpe pour femme, dont l'usage est général dans tout le Centre-Amérique parmi la classe pauvre; c'est un tissu fait avec du fil de coton de plusieurs couleurs avec des listes de fil de soie floche, formant des dessins assez élégants. On tisse cela d'après un système, et qui remplace jusqu'à un certain point le système Jacquart.

Les Anglais, qui sont ordinairement à la recherche de tout ce qui peut procurer un aliment à leur industrie, ont fini par contrefaire cette écharpe; ils en ont importé des masses; et comme ils produisent à meilleur marché, ils finiront par détruire cette industrie locale. On s'aperçoit même déjà qu'elle a considérablement diminué.

L'exportation des produits du pays consiste en 12,000 surons d'indigo de 150 livres espa-

gnoles, qu'on peut évaluer à P. 1,200,000, dont ;
  7,000 surons vont en Angleterre,
  3,000 surons à Valparaiso, Lima et Guayquil,
  1,000 surons aux États-Unis,
  600 surons en Espagne,
  400 surons en France qui nous parviennent par les entrepôts de Lima, Valparaiso et Guayaquil.
  Riz supérieur et sucre, pour. P. 25,000
  Tabac, pour. 50,000
  Or, et argent en barre, pour. . . 200,000
  Baume du Pérou, cuirs, poivre, etc. 60,000
L'importation des marchandises étrangères est de plus de P. 1,500,000, dont la majeure partie Anglaise et américaine. L'introduction de nos produits, qui consistent en vin, eau-de-vie, soierie, verroterie, papiers, articles de Paris, peut s'élever à F. 500,000 ; ils sont importés en grande partie des entrepôts de Valparaiso, Lima, St-Thomas, etc., et presque exclusivement par des bâtiments étrangers, rarement on voit notre pavillon flotter dans ces parages.

Ce qui donne le plus d'importance à ce pays du Salvador, ce sont les foires annuelles à l'époque de la récolte de l'indigo ; elles sont remarquables par la masse d'affaires qui s'y font, tant en ventes de marchandises qu'en achats de denrées du pays.

La première est celle de la Toussaint; elle se tient à Saint-Vincent, petite ville au centre de l'Etat et à peu de distance du port de la Libertad ; elle est considérée comme le régulateur pour les prix des indigos pendant toute la campagne.

Le 21 novembre, c'est celle de Saint-Michel, seconde ville de l'Etat, et la mieux située par sa proximité du port de Conchagua, où se réunissent beaucoup de navires de toutes les nations, et, par conséquent, beaucoup de négociants qui viennent y vendre leurs marchandises et acheter des indigos, les uns pour les marchés du Sud, les autres pour ceux d'Europe. Cette foire dure huit jours ; mais on ne pourrait que difficilement se former une idée des transactions commerciales qui s'opèrent pendant cet espace de temps, et la quantité de monde qu'il y a. La ville doit être tout au plus de 10,000 âmes. Eh bien ! je crois ne pas exagérer en portant la population flottante, pendant la foire, à plus de 100,000 âmes. Il résulte d'une telle agglomération, sous l'influence d'un climat chaud, des fièvres qu'on appelle migueleñas. Elles emportent le malade dans les vingt-quatre heures ; elles attaquent généralement les étrangers qui font un grand usage des boissons rafraîchissantes. Il est d'ailleurs fort rare que ceux qui ont soin d'étancher leur soif avec du cognac, de l'eau, du sucre et un peu de citron en soient atteints.

Plusieurs autres foires succèdent à celle-ci dans l'intérieur, à Sensontepeque, petite ville à 20 lieues de St-Michel, placée sur une élévation d'environ 2,000 pieds, ce qui rend sont climat frais et très-sain.

Ensuite, viennent celles de Zacatecoluca, Ilobasco, Istepec, etc., etc. Dans toutes, on achète des indigos en masse et on y vend des marchandises en quantité.

L'aspect du pays est admirablement pittoresque, très-accidenté et d'une fertilité remarquable ; le climat est généralement sain et sec ; le thermomètre de Réaumur marque, suivant les localités, de 15 à 32 degrés.

Les habitants sont doux, serviables et hospitaliers ; un voyageur peut parcourir tout le pays sans dépenser un centime pour sa nourriture.

Il existe beaucoup de montagnes extrêmement boisées ; leur hauteur ne dépasse pas ordinairement 2,000 pieds au-dessus du niveau de la mer, à l'exception de quatre volcans, qui sont remarquables par leurs éruptions, et surtout celui de Cociguina, qui se trouve à l'entrée du golfe de Fonseque.

Ce volcan fit éruption en 1835, avec une violence dont il n'y a peut-être pas d'exemple dans l'histoire. Les détonations produites par le cratère en feu étaient tellement fortes, qu'elles ont été entendues à plus de 400 lieues de distance ; toutes les populations prirent les armes, croyant que leurs villes étaient bombardées par des pirates ; ces détonations ont duré douze heures ; elles ressemblaient exactement à des coups de canon tirés par des pièces du plus fort calibre.

Cette éruption volcanique causa la mort à beaucoup de monde, et tua un nombre prodigieux de bestiaux brûlés ou ensevelis sous la lave, lancée à plus de 6 lieues à la ronde, détruisant tout ce qui se trouva dans ce périmètre.

Le volcan de Isalco est près de Sansonate ; ses éruptions journalières, depuis plus de quarante ans, quoique moins dangereuses que celle dont nous venons de parler, méritent cependant d'être mentionnées. Nous croyons donc faire plaisir à nos lecteurs en en rapportant ici quelques particularités et caractères dignes d'intérêt. Le volcan de Isalco a la forme d'un cône tronqué. Sa hauteur est d'environ 6,000 pieds au-dessus du niveau de la mer ; il sert de point de reconnaissance pour les marins qui vont dans un des ports du Salvador, ou à Istapa, port de Guatemala.

On voit le feu de ce volcan, pendant la nuit, à une distance d'environ 25 lieues au large. Ses éruptions sont régulières et répétées depuis plus de quarante ans. Les marins peuvent compter sur elles comme sur un phare; elles se reproduisent toutes les heures, et avec une telle force, qu'elles éclairent une circonférence de plus de dix lieues de rayon.

Chaque éruption est annoncée par une détonnation très-forte, à la suite de laquelle une colonne de feu s'élève à une hauteur d'environ 500 pieds au-dessus de la bouche du cratère, placée au sommet du cône. Ensuite, cette colonne de feu retombe en formant un parapluie de feu qui couvre les flancs de la montagne, et en vomissant une grêle de pierres incandescentes, dont quelques-unes sont d'une grosseur prodigieuse.

GUATEMALE.

L'État de Guatemale s'est constitué en république souveraine et indépendante en 1847; l'étendue de son territoire est d'environ 5,000 lieues carrées; sa population est beaucoup plus considérable que celle des autres États de l'ancienne capitanie générale du Centre-Amérique; car elle comporte près de 900,000 âmes : la majeure partie est de race indienne pure, une autre partie est croisée entre l'Indien, le blanc et le mulâtre, et le reste est blanc pur, descendants d'Espagnols, parmi lesquels on voit des noms de la plus ancienne noblesse de la Péninsule.

La résidence des grands corps de l'Etat est Guatemale ; c'était aussi celle de la capitanie-générale, sous la domination espagnole. C'est une belle et grande ville, placée sur un contre-fort de la cordilière des Andes, à 5,000 pieds d'élévation au-dessus du niveau de la mer, et entourée de quelques volcans d'une hauteur de 15 à 16,000 pieds, dont les cratères, quoique éteints en apparence, produisent de temps en temps des secousses très-fortes, mais sans résultats fâcheux, les maisons n'étant que des rez-de-chaussée, construits en conséquence, pour résister aux tremblements de terre.

Le territoire de la République s'étend de la mer du Nord à la mer du Sud ; elle possède trois ports sur les deux océans : celui du Pacifique, appelé Istapa, est très-mauvais, surtout à l'époque des vents du S.-O., qui règnent à partir du 15 mai jusqu'au 15 novembre ; ceux qui se trouvent sur l'Atlantique sont bons, mais le climat y est malsain, l'un est Izubat, et l'autre Santo-Thomas ; le premier est assez fréquenté, surtout à cause de la calonie anglaise appelée Beliz, qui se trouve dans le voisinage, car c'est par ce port qu'ont lieu toutes les importations et exportations des marchés avec l'Etat de Guatemale par la mer du Nord.

Quant à celui de Santo-Thomas, quoique

bon, il n'est visité que par des navires qui vont exclusivement charger du bois d'acajou, de la salsepareille et quelques autres produits que peuvent réunir les membres peu nombreux de la colonie belge. Cette colonie est loin d'avoir acquis tout le développement dont elle eût été susceptible, si les hommes qui se trouvaient à la tête de l'affaire eussent agi comme ils auraient dû le faire; elle devrait être aujourd'hui une des premières positions du continent, tandis qu'elle se trouve dans l'enfance, grâce à l'impéritie de ceux qui l'ont fondée et dirigée.

Cet Etat se trouve bordé à l'ouest par les provinces mexicaines Capas et Tabasco, par Beliz (colonie anglaise), qui est un démembrement de son territoire au nord, et les Etats de San-Salvador et de Honduras à l'est.

Guatemale réclame la souveraineté de Soconuzco, qui lui fut arbitrairement enlevée par le Mexique en 1841; il existe aussi une question de limites avec l'Etat de Honduras, ainsi que quelques difficultés avec celui du Salvador, par rapport aux droits des marchandises qui s'introduisent dans l'un des Etats par le territoire de l'autre.

La plus grande partie des introductions de Guatemale se font par Sonsonate; port de San-Salvador, parce qu'il offre plus de facilité pour le débarquement que celui d'Istape;

cependant, ce dernier se trouve beaucoup plus près de la capitale, et les routes en sont bien meilleures.

Depuis longtemps, il est question de faire une jetée sur ce port ; mais on recule toujours devant la dépense, et surtout devant la difficulté de trouver le matériel nécessaire, et un homme assez intelligent pour la diriger. Une chose qui serait très-facile en Europe est considérée dans le pays comme une œuvre gigantesque et impossible.

Les révolutions périodiques qui se sont succédées dans cette République depuis 1837 jusqu'en 1841 ont épuisé les ressources du pays ; ce n'est donc que depuis lors, et grâce à l'énergie et au bon sens du général Carrera, que la prospérité a pris le dessus, et marche à pas de géant sous son administration éclairée et patriotique.

La dette extérieure est de P. 800,000, dont le tiers a été contracté par la fédération ; les porteurs des bons sont Anglais ; l'intérieure est de P. 500,000, les rentes annuelles de P. 600,000.

Force armée, troupe de ligne. 2,000 hom.
Garde nationale. . . . . . . 12,000 —

Exportations.—Cochenille, 15,000 surons de 150 livres espagnoles chacun ;
valeur. . . . . P. 1,500,000

Laines ordinaires manufactu-
rées.. 150,000
Bois d'acajou, cèdre, salsepa-
reille, cuirs. 150,000

P. 1,880,000

Importations. — Marchandises étrangères P. 2,000,000, dont la majeure partie anglaises et américaines; les produits français sont très-apréciés, mais malheureusement nos relations sont, pour ainsi dire, nulles avec cette République; les importations de nos produits, qui peuvent s'élever à P. 200,000, se font, en partie, par voie d'Angleterre et par navires anglais; nous connaissons dans le pays des maisons anglaises, américaines, allemandes, espagnoles et italiennes, mais pas une française.

Gouvernement républicain; il conserve cette forme depuis l'indépendance ; une loi de garantie, publiée en 1839, assure au peuple les mêmes libertés contenues dans les constitutions anglaise et américaine, incluse celle appelée *habeas corpus.* Ce statut et l'acte de Constitution, émis le 19 octobre 1851, règlent la division des autorités publiques et composent la loi fondamentale du pays.

Le pouvoir exécutif est représenté par un président élu pour quatre ans. En cas d'absence, les ministres expédient les affaires de l'Etat.

Le pouvoir législatif se compose d'une seule Chambre de cinquante-cinq membres, élus aussi pour quatre ans, et par le suffrage universel, excepté quelques-uns, qui le sont par des corporations, telles que le tribunal de commerce, l'Université, la Société des arts et des sciences, le clergé et la cour de justice. Les membres du conseil d'Etat sont nommés, une partie par la chambre législative et une autre partie par le président; il existe aussi d'autres fonctionnaires *ad hoc* pour conseiller le président et l'aider à préparer les lois.

Le pouvoir judiciaire est exercé par un juge suprême et des magistrats élus par la Chambre. Le président est élu par une convention composée de la Chambre législative, du pouvoir judiciaire, du conseil d'Etat et de l'archevêque.

Administration actuelle : Président général, Rafael Carrera, militaire très-distingué par son génie et sa valeur; il remplit déjà une page honorable dans l'histoire de son pays, quoique fort jeune et sortant d'une famille des plus obscures; il a su s'entourer d'hommes habiles pour en faire ses ministres; ce sont les personnages suivants : secrétaire des relations extérieures, Jose-Mariano Rodriguez; de l'intérieur, Manuel-François Pavon ; des finances,

Jose Najera; président du conseil, Jean Mathero ; juge suprême, Jose-Antonia Azenitia ; archevêque, Francisco-Garcia Pelaez.

L'esprit de l'administration est conservateur; la République s'est liée, par des traités d'amitié, de commerce et de réciprocité, avec la France, l'Angleterre, les Etats-Unis, le Mexique, la Belgique, les villes anséatiques et Costa-Rica.

Guatemale, qui est une ville de 60,000 âmes, possède une Université et un hôtel des Monnaies. Le pays est remarquable par les plus célèbres des antiquités Aborigenas; le gouvernement s'occupe beaucoup de l'amélioration des routes, prévoyant qu'avec la facilité des communications, le pays acquerra cette prospérité à laquelle il est appelé par la fertilité de son immense territoire, la bonté de son climat et la douceur de ses habitants; car il ne lui manque que des bras pour se voir placé au niveau des Etats hispano-américains les plus prospères.

L'aspect du pays est des plus pittoresques par la variété considérable de points de vue qu'il offre aux voyageurs; il possède aussi plusieurs rivières et lacs qui sont de véritables mers intérieures, et dont on pourra tirer un parti immense lorsque l'émigration affluera dans ces contrées encore vierges, et auxquelles est réservé un avenir digne d'être convoité par les nations de la vieille Europe.

Qu'il nous soit permis, avant de terminer, de former les vœux les plus sincères pour que notre belle France sache, à l'avenir, se poser convenablement dans ces pays naissants, chose qui lui sera très-facile, par suite des sympathies qui lui sont acquises, car elle n'a qu'à tendre sa main puissante pour s'assurer un commerce d'échange considérable qui tournera exclusivement à son profit; ce seront, en effet, ses navires qui iront chercher leurs produits bruts en échange des siens fabriqués ; ils les importeront en France, où ils seront travaillés et réexportés ensuite, laissant à l'industrie nationale tous les bénéfices de la main-d'œuvre, aux armateurs ceux du fret, et aux pacotilleurs la facilité de l'écoulement et la mobilisation des capitaux.

N'est-il pas regrettable de voir que, dans un continent comme celui du Centre-Amérique, qui fournit au commerce un aliment d'environ 80 millions de francs, et à la marine marchande 100,000 tonneaux de fret, que la France ne participe à ce mouvement considérable que pour une si faible part, surtout lorsqu'il lui serait si facile de s'y placer en première ligne? Oui, on ne saurait trop le regretter, attendu que toutes les branches d'industrie ont à souffrir de cette infériorité.

Espérons donc avec confiance que le gouvernement viendra en aide au commerce et à la marine, qui sont la source la plus féconde de la fortune nationale, et il ne faut qu'un peu de protection pour les tirer du *statu quo* dans lequel ils se trouvent plongés depuis longtemps et les placer en première ligne vis-à-vis de l'Angleterre et des Etats-Unis, qui possèdent à peu près exclusivement le monopole des échanges avec ces riches contrées.

ADDITION.

Nous croyons être agréable à nos lecteurs en leur transcrivant textuellement, le passage relatif à l'État de Costa-Rica; passage que nous empruntons à la mémorable allocution prononcée par Notre S. P. le Pape Pie IX, dans le Consistoire secret du 7 mars 1853.

Cette importante pièce, pour l'avenir de Costa-Rica, ne nous étant parvenue que trop tard pour l'intercaler à sa place, nous sommes obligés de la mettre à la fin de cette notice.

Nous ne doutons pas non plus que vous n'appreniez avec une égale satisfaction ce que nous avons fait pour assurer le progrès de l'Eglise catholique et de sa doctrine salutaire au sein de la République de Costa-Rica, dans l'Amérique méridionale. Vous savez tous quelles préoccupations et quelles sollicitudes nous causent les Eglises situées dans l'Amérique méridionale; Nous ne cessons de pourvoir à leurs besoins par tous les efforts de Notre zèle et Nous cherchons avec ardeur tous les moyens propres à les aider et à leur rendre une nouvelle vie.

C'est donc avec un sentiment profond de joie et de reconnaissance que Nous avons reçu la demande qui Nous a été faite par Notre bien-aimé fils, l'illustre et honorable seigneur Jean Raphaël Mora, actuellement président de la République de Costa-Rica, de vouloir bien régler les affaires ecclésiastiques de ce pays. Cette demande répondant si bien à nos désirs, Nous avons aussitôt mis la main à l'œuvre et Nous avons chargé Notre bien-aimé fils Jacques Antonelli, cardinal de la Sainte Eglise Romaine et Secrétaire d'Etat, de traiter cette affaire avec Notre bien-aimé fils Ferdinand de Lorenzana, ministre de la République de Costa-Rica, auprès de Nous et du Saint-Siége.

Par suite, une convention a été conclue et signée de part et d'autre, après que les articles en ont été par Notre ordre soumis à l'examen d'une congrégation spéciale de Nos Vénérables Frères les Cardinaux de la Sainte Eglise Romaine et ratifiés par Nous.

Vous aurez une pleine connaissance de cette convention, Vénérables, par les lettres apostoliques rendues à cette occasion.

En attendant, ce n'est pas pour Nous une médiocre consolation de Vous dire qu'il a été réglé d'abord que dans la République de Costa-Rica la religion catholique devra jouir en paix et en liberté de tous les droits dont elle est en possession, en vertu de son institution divine et des dispositions portées par les sacrés canons; que dans toutes les écoles l'éducation et l'enseignement devront toujours être en harmonie avec la doctrine de la religion catholique, que Notre Vénérable Frère l'Evêque de Saint-Joseph et les autres prélats qui seront établis dans cette République lorsqu'on y érigera de nouveaux diocèses, auront toute liberté de remplir les devoirs de leur charge, d'exercer leur juridiction, de surveiller les écoles, en un mot, de diriger et de gouverner leurs diocèses surtout en ce qui touche la doctrine théologique et les autres sciences ecclésiastiques.

Il est arrêté pareillement qu'une dotation décente, convenable, constituée d'une manière sûre et n'impliquant aucune servitude, sera attribuée à l'Eglise et à ses ministres; que les fidèles de cette République pourront communiquer librement avec le Siège Apostolique, centre de l'unité et de la vérité catholiques, et que les familles religieuses pourront s'y établir en se régissant d'après leurs propres règles.

Le droit qu'a l'Eglise d'acquérir et de posséder est reconnu et sanctionné. Il est convenu que des secours seront donnés pour que les infidèles qui habitent sur le territoire de cette République, assis misérablement dans les ténèbres et l'ombre de la mort, reçoivent en temps opportun la lumière de l'Evangile et soient ramenés au seul et unique bercail du Christ. Toutes les précautions sont prises pour que la discipline ecclésiastique soit remise en vigueur, et gardée avec soin dans les choses même dont la convention ne fait pas mention.

Ayant égard au bien qui résultera de cette convention pour l'Eglise catholique, et tenant compte en particulier des revenus attribués à l'Eglise catholique et à ses ministres, Nous avons accordé au Président de cette République et à ses successeurs dans cette charge, le droit de nommer aux siéges épiscopaux et à certains autres bénéfices ecclésiastiques lorsqu'ils deviendront vacants.

Nous devions, Vénérables Frères, vous faire connaître ces choses, qui ont été pour Nous une grande consolation au millieu des sollicitudes si nombreuses et si pénibles de Notre Pontificat. Et Nous avons l'intime persuation que Vous avez appris avec un égal sentiment de joie ce que Nous avons fait et établi, tant dans le royaume très florissant de Hollande et de Brabant, que dans la République de Costa-Rica pour la plus grande gloire de Dieu, l'accroissement, la prospérité de la sainte Eglise et le salut des âmes.

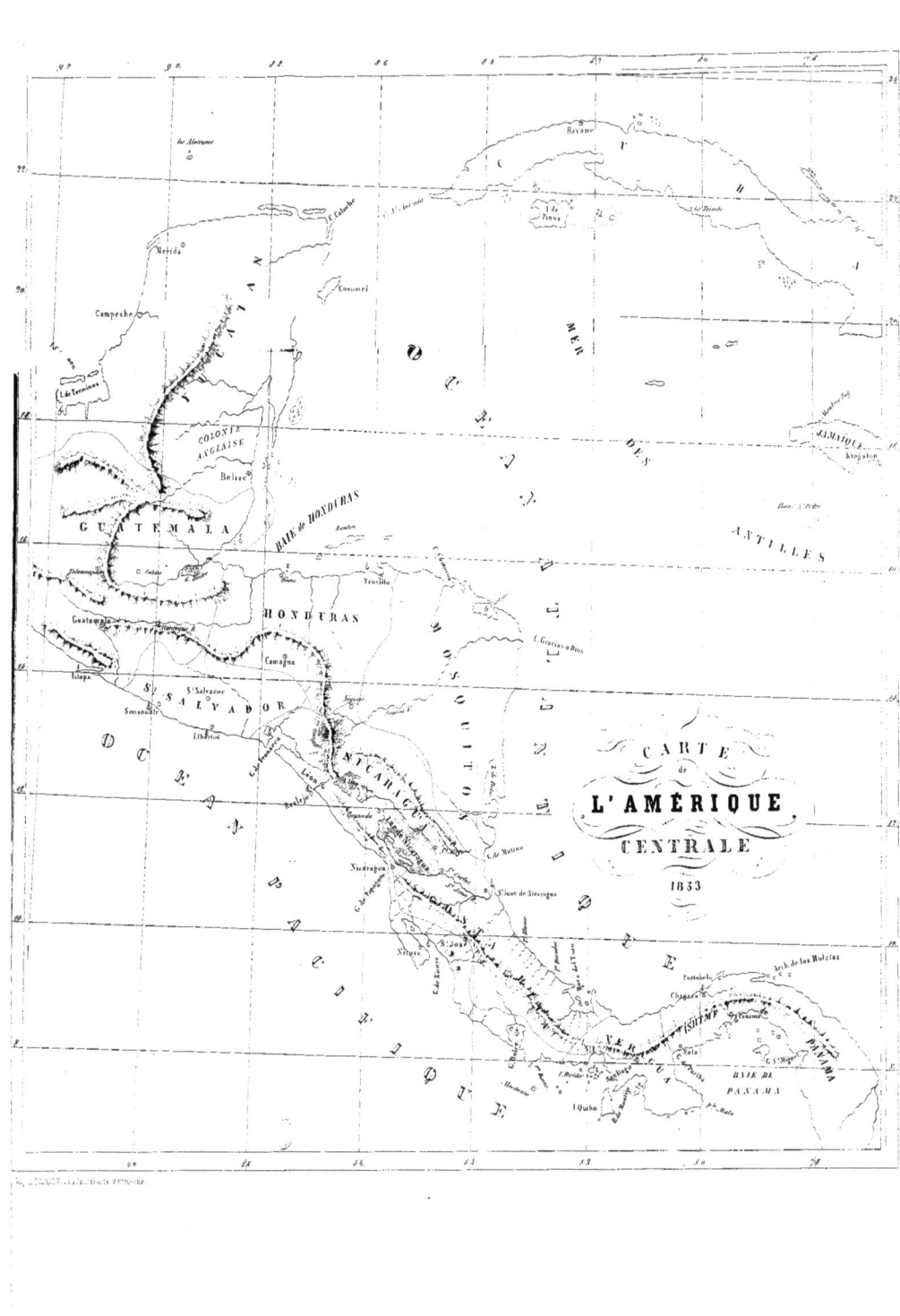

www.ingramcontent.com/pod-product-compliance
Lightning Source LLC
Chambersburg PA
CBHW060945050426
42453CB00009B/1137